Cho Young-Sook

시인 조영숙

백년 전쟁

조영숙 시집

백년 전쟁

시학
Poetics

■ 시인의 말

시 쓰는 일이야말로 자식을 낳는 일이라고
그래서 시를 써 보라고, 제일 보람 있는 일이라고
간곡하게 말씀하신 선생님이 계시다
한껏 욕심내어 많이 낳아 잘 기르고 싶다
시의 언어로 살 수 있는 세상이기를 바라면서

2011년
조영숙

차 례

■ 시인의 말

■ 작품해설 | 김재홍

제1부

알몸 경전經典　15
허적虛寂을 꿈꾸다　16
백년 전쟁　18
꿈길밖에 길이 없어　20
사막 또는 사마귀에 관하여 · 2　22
천년 별빛을 찾아서　23
사막 또는 사마귀에 관하여 · 1　24
오늘 난 딱 그만두고 싶네　25
착각　26
아무하고나 친구?　27
첫 고백　28
바깥세상을 넘보다　29

제2부

원죄　33
군자란 서설　34
고추장 담그기　36
가깝고도 먼 이웃　38
목숨을 찾습니다　40
메타세쿼이아 봄날의 추억　42
칼국수가 그리운 저녁　43
모기에게 묻다　44
말, 밥은 씹어야?　46
능소화　47
몸살　48
길에서 길을 묻다　49

제3부

행복　　53
눈부처　　54
오래된 미래　　55
우리가 죽어서 꽃이 된다면　　56
4월은　　57
좋은 게 좋은 거라고　　58
겨울나무　　59
호랑이 담배 먹던 시절의 이야기　　60
견고한 눈물　　62
황사현상　　63
갱년기　　64

제4부

복숭아나무를 그리워하다 67
벚꽃, 폭설 68
하늘 정원 69
세월 70
꽃 이름 하나 얻어 볼 수 없는 71
김장론 72
고비의 여인 74
개판 세상에서 개처럼 76
비빔밥 사랑 78
버릴 수 없는 내 버릇 79
도토리 키재기 80
글 쓴다는 것 82

제1부

알몸 경전經典
— 히말라야 설산雪山에 산다는 그 수도승은 하늘 한 자락,
 땅 한 자락을 한 벌 옷으로 지어 입었다는데

아무리 보아도
몸에 걸친 것이라곤
안경알 하나뿐인데

눈 바로 못 뜨고 흘금흘금
훔쳐보는 중생衆生들 앞에서
세상 나올 때 그대로인 벌거숭이 알몸을
두루마리 한 자락 경전으로 펼치고 서서

부끄러움은 숨기는 데
따로 있다며
지경持經* 하얗게
넘어서고 있네

---

* 육신의 삶, 정신의 삶.

허적虛寂을 꿈꾸다

눈밭을 가로질러
제 팔뚝 제가 자른 혜가 스님*
흰 눈발로 지나가고

선방 문밖에서 기왓장 북북 갈던
그 절 주지 스님**도
스쳐 눈발로 스러져 가고

발자국 깊게 남기며
이 저녁 누군가도
그림자 길게 끌고 지나간다

바람은 쌓이고 그늘은 깊어서
발자국 흔적 없어지고
그 흔적 찾던 이마저 스러져 버리고

처음은 어디고
끝은 어디란 말인가

하늘 멀어 보이지 않고

땅 넓어 세상 또한 아득하기만 한데

---

* 인도의 28대 종인 달마대사가 중국으로 왔을 때 달마의 주변을 쫓아다닌 이가 혜가다. 중국으로 온 달마는 9년 동안이나 앉아서 움직이지 않았다. 달마를 찾아간 혜가는 만나 줄 것을 요구했으나 달마는 만나 주지 않았다. 달마의 문전에서 3일을 떠나지 않던 혜가는 섣달 열흘이나 눈이 내려 무릎을 덮는 추운 겨울날 드디어 비수를 꺼내 자기의 왼팔을 잘랐다. 왼팔이 떨어지는 동시에 문이 열리고 달마의 얼굴이 나타났다. "너는 무엇 때문에 팔을 자르면서까지 그렇게도 야단이냐." 혜가는 이 순간을 놓칠세라 달마에게 대들었다. 마음이 괴로워서 그렇다고. 달마는 "그런 것이야 문제가 되느냐, 마음을 이리 내놓아라." 그때 혜가는 크게 깨닫게 된다. 내놓을 마음이 어디 있는가.

** 옛날 어떤 사람이 부처가 되겠다고 몇 해를 참선한다면서 우두커니 앉아 있었다. 옆에서 보니 너무도 안타까워 그 절 스님이 깨진 기왓장을 한 개 들고 참선하는 중 옆에 가서 벅벅 갈고 있었다. 참선 하던 중이 눈을 떠 보니 스님이 기왓장을 갈고 있다. "스님, 그것을 무엇하러 갈고 있습니까?" "음 이것을 자꾸 갈면 금덩어리가 된다." 중은 어이가 없어 "스님 그럴 수가 있겠습니까. 아무리 그것을 간다고 하여 기왓장이 금덩어리가 될 수 없지 않습니까." 스님은 그제야 "이놈아, 네가 그렇게 우두커니 앉아만 있다고 부처가 될 수 있겠느냐." 그때야 그 중은 크게 깨달았다고 한다.

백년 전쟁

음력 정월 열이틀
백 년 전 오늘 세상과 처음 만났지요
우리 엄마는

크게 욕심 없어 남의 것 탐한 적 없고
배고픈 설움 알아 밥술이나 건넨 덕인가
하 부지런함 때문인가
하고많은 난리 풍상 다 겪으면서 그래도
시원찮은 전리품이나마 아들딸 얻기도 했지만

그러나 그게 다 무슨 소용이람
텅 빈 손 툭툭 털고 혼자서
돌아가야 하는 길인 걸
얻은 것도 잃은 것도 없이
떠나온 그 자리 찾아서

세상에 미련은 비바람 속에 휩쓸려 가고
뜨거운 태양도 증발돼 버려

남은 건 잊혀진 미래
잃어버린 한세상 꿈뿐인 것을

꿈길밖에 길이 없어

꿈을 꾸려고
잠을 청하던 날들이 있었지

꿈이 두려워
꿈 못 이루는 밤도 있었지

오색 물방울 아롱아롱 하늘 떠돌던
내 유년의 꿈처럼
악령에 쫓기어 담장을 뛰어넘기도
지붕을 훌쩍훌쩍 날아 도망치다가
하늘 높이 치솟다가 그만
곤두박질
머리꼭지 처박기도 하였지

어젯밤에는
안방에서 건넌방으로
건너온 꿈의 징검다리
그게 나의 일생이란다

아무런 수식도 무늬도 없이

살아온 날들이
산다는 게, 말짱

그래그래 그래도, 오늘도 꿈속에서
꿈을 만나러
꿈길을 가는 꿈일 수밖에

사막 또는 사마귀에 관하여 · 2

나 어릴 적 오빠 따라 앞동산에 올라갔었는데요
갑자기 하늘 무너지듯 비행기 소리에
동생 등에 업고 언덕 뛰어 내려오던 작은오빠
그만 넘어져 무릎이 깨졌지요
무릎의 사마귀도 함께 떨어져 나갔는데요
오빠의 생활이 사막, 모래알처럼 황량해질라치면
난 아무래도 그때 떨어져 나간 그 사마귀가
오빠의 마음동산에서조차 사라진 때문이라고
애써 생각하는 버릇이 생겼답니다

천년 별빛을 찾아서
– 감물 들이기

태풍 날벼락 맞고 비바람에
굴러 떨어진, 저
상처투성이 땡감들

돌절구에 짓찧어
베보자기로 비틀어 짜면
시리고 아린 순간들
아픈 물방울로 쌓이고

매가리 하나 없는
얼금얼금 천 조각도
그 풋풋한 풋감물에 적시어져
햇빛 바래기 한여름을 건너고 나면

햇살 빛 올곧게 되살아나서
풀기 빳빳하게 오기를 세우더니

천년의 별빛 품고도 남을
시간의 넉넉함이여

사막 또는 사마귀에 관하여 · 1

뒷목줄기 한가운데
툭 불거져 나온 사막
사마귀 한 점
나의 사막을 끌고 다녔네
여러 날 여러 해 여러 사람 눈이
그 사막에 머물렀으리라
세속의 터럭까지 매달고 있어
내 눈보다 남의 눈에 더 잘 띄었을
저 흉!
무거운 짐!

오늘 난 딱 그만두고 싶네

지글대던 햇살 사라지니
밤바람에 불려서 사람들
북적인다 가로 공원에는

이어폰 끼고 반바지로 걷고 있는
저 여자
― 운동선수일까, 얼마나 걸었을까, 나도 열심히
걸으면 저런 늘씬한 다리 가질 수 있을까

우리 집 위층 할아버지도
반바지 러닝셔츠 바람으로
걷고 있다

몇 끼 굶은 늙은 거미 걸음이다

어제도 그제도
언제나 변함없는 엉금엉금 그 자세로

오늘 난 딱 그만두고 싶네

착각

철들어 꽃 지고
잎 지더니

다시 새순 뾰족뾰족
완연한 변복이다

늘 푸른 저 소나무
철드는 줄 몰라라

철도 각각 삶도 각각
제 색깔로 피는 줄 나도 몰라라

아무하고나 친구?

아무하고나 친구 하는 게 아니라고 했다가
등에 칼침 맞았다

그래, 그 칼침 늘 준비하고 있었던 거야
그래, 그걸 나만 몰랐던 거야
그래, 붕우유신朋友有信이라 했던가
그래, 믿어야지
그래, 하늘 같은 공자님 말씀인데

그래도 나는 아무하고나 친구 하고 싶지 않다
아무나 동무 동무 하는 나라, 동무들
진짜 동무 하나 없어 이 세상에서 제일 불쌍하다네요

첫 고백

하르르 가랑잎 지는 계절에는
죄조차 사랑할 것 같아서

죄가 아름다울 수 있는 건
참회와 속죄 때문이라 믿었더니

그리하여 부끄럼만큼이나 얼굴 붉어져
돌아가리 다짐한다 천 길 낭떠러지 앞에서

사랑마저
죄일 것 같은
이 푸르른 가을날엔

바깥세상을 넘보다

내 몸속 백금선 실핏줄 따라
물소리 바람소리 가랑잎 구르는 소리

어제는 빼쫑빼쫑 종달새 노랫소리
오늘은 날벼락 천둥으로
귓전 후려치기도

참으로, 어지러운
무명無明천지 이 세상

그래도
살아 있음이 축복인 것은

숨 끊어지면
적막寂寞강산

죽고 싶어도 죽을 수조차 없기 때문

제2부

원죄

조막만한 생쥐 따위는 물론
제 몸통 몇 배나 되는 가젤 영양까지도
속내 모를 까치살모사 속으로 스르륵!
빨려 들어가면 뼛조각 터럭 한 올까지
이 세상 살았던 흔적, 흔적조차 없어지지

사자 호랑이 정글의 블랙홀도 그러지는 못하는데
그래, 그럴 거야 그러니
뿔커녕 털끝 한 개라도

살아서는 속죄가 안 되는
알몸 그대로 젖은 땅바닥 기어서라도
살아야만 할
징그럽게도 질긴

내 목숨의 십자가

군자란 서설

지독한 냉기 겨우내
가슴에 품었는가
아파트 베란다 한쪽 구석에서

봄비 내려 가지마다 소름 돋던 날
뾰족이 꽃망울 내밀었네

꽃대궁 눈에 보이게 죽죽 올라와
가운데 봉우리 피어나고

달 덜 찬 아이처럼 저 가에 건
제구실 못하지 싶더니

마지막 꽃망울까지 피어야
둥그런 태양 이루게 된다는 걸
그제야 온전한 제 이름 얻을 수 있다는 걸

그놈은 알고 있었던 거야

그래서 얼굴 꼿꼿이 세웠던 거야
그 지질한 놈 제몫 다할 때까지

고추장 담그기

볕 맑은 초봄 한낮
아파트 베란다에 놓인 오지항아리
위로 불쑥 치밀어 올라오는
그것!

부아처럼
부글부글 끓어오르는
이것!

내 생의 이상 발효 아닌가?

— 커다란 대주걱으로 눌지 않게 젓고 또 젓는다 엿질금 가라앉힌 물에 밀가루 삭혀 불에 올린다 깔주룩 잘 익은 밀풀에 고춧가루, 메줏가루 섞고 여러 해 달빛 별빛으로 묵힌 소금으로 간하여 깨끗이 닦아 놓은 항아리 질항아리 목까지 차도록 채워 넣고 햇볕 따라 바람 따라 뚜껑을 열었다 닫았다 꼭 스무하루 되던 날

아하,

이제야 알겠다

우리도 바람과 햇볕과 소금에 절여지고 다독여지며

서로를 가라앉히고

속을 삭히고 익혀서야 마침내

생명의 맛을 온전히 내게 된다는 것을

가깝고도 먼 이웃
— 부엌 창문 밖 나뭇가지에 언뜻 눈에 들어온 까치 둥우리
  까치발 디뎌서야 겨우 보이던 옛 둥우리 하나 초라하
더니

아니 이것들이 다투기라도 한 건가
제각각 새집이라니
어째 불안 불안하더니

어라, 한 놈이 제 집을 포기했나 아니 밤새
화해를 했나
한 놈이 서까래 하나 물어 오면
한 놈은 받아서 주둥이 콕콕 찍어 못질하고
기둥 콱콱 찍어 주둥이도 벼려 가며

그래, 바로 그거야
백지장도 맞들라 했거늘
제 목숨 받아 이어갈 집 짓는 일임에랴
글쎄 까치설날엔 집들이 할라나 몰라

나무 밑둥에서 올려다보니 숭숭숭 막지 못한 구멍들

마음 한 조각 떼 내어 그 구멍 몰래 틀어막아 주었지요
여우는 사랑 지켜 주고 싶었지요

목숨을 찾습니다

천만근 잿빛으로
어깨에 내려앉는 저물녘
비둘기 한 마리 조는 듯이
서 있다
한쪽 날개 속에 제 짝을 품어 안고

하필이면 왜 그곳에
눈길이 갔을까

그 비둘기 지금은
어디로 갔을까
빗금 친 시간의 빗장을 풀고
떠나갔을까

내가 할 수 있었던 건
소리 없는 비명이나 지르고
살았어도 죽은 그 비둘기 시시때때
떠올리기나 할 뿐

생목숨 담금질
보고도 못 본 나날의 행인이었을 뿐

목숨의 행방을 찾습니다, 오늘도

메타세쿼이아 봄날의 추억

유난히도 가물던 그 봄
목동 인터체인지에서 가양대교에 이르는
철책 너머 틈새에
청년처럼 쭉쭉 뻗은 메타세쿼이아
수십 그루 옮겨 심어졌지

발아래 출렁이는 강물은
뻔히 보고도 닿을 수 없는
긴 목마름의 나날이었고
곧게 자란 등줄기 기대어 선
철책 틈바구니란
참아 내기 어려운 비굴함이었을 거야

어느 날 문득
나무들 시들시들 잎 말라 가더니
결국 모조리 시커멓게 죽어 버리고
한 그루 남은 세쿼이아만
눈멀고 귀먹어 죽은 듯이 살고 있었네

칼국수가 그리운 저녁

생각잖게 객식구 하나 들면
홍두깨 한 번 더 밀어 한 그릇 더 만들었다는데
걸쭉한 국물 한 대접으로
긴긴밤 호롱불 심지 돋워 가며
바지저고리 꿰맸다는 우리네 여인들
암반과 홍두깨는
밥솥 다음으로 챙겨야 했던 부엌살림이었다는데
홍두깨 길이 넘치게 둘둘 말아 가며
맷방석만큼이나 넓게 밀어낸 반죽을
한 번 접고 두 번 접고 또 접어서
실오락지만큼이나 가늘게 가늘게 썰어
설설 끓는 물에 삶아 온 가족 덥혀 주었던
우리네 여인들의 부지런한 솜씨가
배고픈 이웃과 구수한 국물 한 국자씩 나누던 인심이
오늘 같은 칼바람 시린 저녁
사무치게 그리워진다

모기에게 묻다

부지불식 오지게 물어뜯기고
며칠 며칠 피터지게 긁다 보면
어지간히는 시원하기도 해서

하룻밤 새 만리장성 쌓는다는 건
헛말 아니지 싶은데
뜨겁던 눈길 수십 년도
삐끗 한마디 어긋나면
(그 세월 그만
물거품 되는 일이라서)

오는 사람 막지 말고
가는 사람 붙들지 말라고?
하지만 그거 그리 쉽게
할 말 아니지 싶은데요

인정人情도 품질 각각 다른 거 분명하고
세상사도 자로 잰 듯 아닌 거 분명한데

그러나 순정 부품이라면

한세상 살며 무·한·보·증 해야겠죠

말, 밥은 씹어야?

까딱 남의 가슴팍이나 팍팍 찔러 대는 비수
되돌아와 제 심장 도리니
다시는 주워 담을 수 없으니
남은 것도 없기야 할 테지마는

잘해 봤자 본전이라
앞서 간 이도 진즉 알고서
말로써 말 많으니 말 말을까 하노라며
경계하고 또 경계했건만

그래서 한 집 건너 밥집
또 한 집 건너 노래방 머리방 여관방인가
노래는 강줄기 따라 흘러가고
밥알은 흩어져 바람 따라 날아가고

능소화

양금채 목줄기로
남의 등짝 타고 오르더니

꽃단장 야실야실
요살을 떨다가

새파랗게 독기 품고
꼴깍 요절해 버리는

절세미인이여
아
박명 가인이여

몸살

온몸의 세포란 세포
모두 매 발톱을 하고서
뼛골을 파고 있다

파는 놈, 파 먹히는 놈
모두가
제 살 제 먹긴데

생살 찢겨 아물어도
상처는 남고

움직이는 일이 바로 사는 일이라
답 없는 답 찾아
헤매고 있는 일이지

그렇게 끝없이 앓고 있는 일이지

길에서 길을 묻다

산 넘고 물 건너
저 마을까지
비행기 타고 구름도 넘어
먼 먼 나라까지도

두루두루 돌아다녔지마는
오랫동안 길만 길인 줄 알았지요

코앞에 언제나 길 있다는
원효 스님 말씀도 진즉에 들었지마는
앞산 등성이 너머
아파트 지붕 불쑥 올라와서야

길은 어디에도 있고
또 어디에도 없다는 걸
겨우 알아차리게 되었지요

제3부

행복

— 엄마 입에선
　장미꽃 향기가 나네요
　멀리멀리 퍼져 나가는
　장미꽃 향기

내 딸이 열 살 때 쓴 일기장의 한 구절이다

지금은 스물아홉 처녀
그의 나이에서 장미 향기가 날 때

자식을 낳아 봐야 부모의 은혜를 안다고
늘 어른들이 자식들 보고 해 온 소리지만

아니에요
자식이 있어 부모가 행복한 거지요

눈부처

엄마 눈에 내가 *비어네**
내 눈에도 엄마가 *비어나*
그래, 아가야

네 눈 속엔 엄마가 살고
엄마 눈 속엔 네가 살고

그렇단다, 아가야

마주 보는 눈빛 품 안에 보듬어
보이지 않아도 보이는 거

눈부처

그게 사랑이란다
그래서 진부한 행복이란다

---

* 보이네.

오래된 미래

아가의 배냇머리 같은
엄마의 머리카락
언제
동백기름 반질반질
은비녀 시절 있었던가

꽃댕기 나풀나풀
댕기꼬리 시절도 있었던가

그런 시절이 과연
있기는 있었던가

소리 없이 끊겨 나가는
머리카락이
한 줌 재처럼 손에
잡혀지지 않는다

엄마의 남은
오래된 미래처럼

우리가 죽어서 꽃이 된다면

보랏빛 피멍 같은
언니의 한 생을
그해 그토록 무서운 폭설이 삼켜 버렸네

크게 소리 내어 웃지도
숨죽여 울지도 않던
늘 잔잔한 호수와도 같은
그녀

싸리꽃으로 피어났는가
찔레 향기 사라진
소리 없는 통곡들 사이에서

살아서도 죽었듯이 다시 살아

4월은

진달래 철쭉 지천으로 밟혀서
꽃 진 자리도 꽃길만 같아서
숭숭 뚫린 마음도 꽃 진 자리만 같아서

지은 죄도
지을 죄도 없을 것만 같아서
누구라도
사랑하고
사랑받고 싶어져서

그래서
사월은 잔인한 달이었던가

가슴 깊이 흐르는 물길도
솟구치는 높은 불길도
모두가 하늘 길로 통하는 것만 같아서

그래서
꽃길 따라 허방허방 떠나더니만

좋은 게 좋은 거라고

좋은 게 좋은 거라고
자꾸자꾸 가르치려 든다 나를

눈멀고 귀먹고 말까지 멀어지면
정말로 좋은 게 뭐냐고요

겨울나무

포플러 가지 끝에
매달린 순금의 열매
마음의 조각들

금사 엷은 햇살로
마지막 남은 가을을
엮고 있다

호랑이 담배 먹던 시절의 이야기

과거 보러 길 떠난 가난한 선비가 밤길 산중에서 만난 호랑이를 맨손으로 때려눕혔다는 전설이 그 선비 허름한 옷차림만큼이나 허름허름하게 전해져 오는데요

몇만 리 길 저 머나먼 스페인 투우장에서는요 말의 몸에 온통 소가죽을 씌우고 눈도 가린 채 한 사내 안장에 올라앉아 달려드는 황소 심장에 칼을 내리꽂으면, 펄펄 뛰는 황소 등줄기에 다른 사내 양손에 쥔 칼자루 번개같이 던져 박고요, 마당 귀퉁이마다 황소 을러대며 황소 염장 활활 불태우는 사내들까지 모두들 합세해 죽음의 문턱까지 명줄 끌고 가면

군살 한 점 없이 매끈한 몸매에 은실은실 수놓은 수천만 원짜리 비단 갑옷으로 치장한 투우사, 인기 하늘을 찌른다는 그 투우사의 창끝에 그만 황소는 절명하고, 사방 천지에 피를 튀기면서

그런 죽음을 열광하며 환호하는 구경꾼들도 한참 많

고요, 그 황소 살 한 점 얻어먹으려고 식당에서 목을 빼고 기다리는 사람들은 그 나라의 미식가라나요 백주에 이런 일이 일어나는 것은 한밤중 남몰래 목숨 목숨 살린 우리네 선비 이야기를 그들이 알 턱이 없으니까요

견고한 눈물

뜬구름 가까이 가 보면
안다
물방울 하나가 강물로 흐르기 위해
얼마나 뜨겁게 발바닥 달구고 있는가를

한순간도 달음박질 멈추지
못한다는 것을

길가의 풀잎들 가시로 서서 흔들리는 걸 보면
그제야 알겠다
비바람 속에 왜 **뼈대**가 생기는가를

눈부신 햇살 속에 견고한
눈물이 담겨 있는가를

황사현상

남의 일기장 속의 내 이야기
어쩌다 눈에 띄어
살짜기 들여다보니

조각난 삽화들 낯설지만
꽤나 또 사실적이어서 친근하다

그러나 어쩌랴
인생이 본래 눈멀고 낯선 것인데
스스로 위안도 해 보고
갈팡질팡 반성도 해 보지만

그 한 점 꼭 거기 찍기 위해
오늘도 황사의 길목을 서성이네

갱년기

여우와 곰이 한 몸통 속에 살았는데요
여우가 살금살금 제 집을 빠져나갔는데요
곰만 혼자 남아서 사람 한번
다시 되겠다고, 참사람 다시
되겠다고, 몸부림치는 중이에요

제4부

복숭아나무를 그리워하다

마포구 염리동 산 1번지
내가 나고 자란 집에는
동쪽 문 안으로 복숭아나무 한 그루
남쪽 쪽문 밖에 또 한 그루
담장 사이하고 마주 서 있었는데요

달콤한 열매 단 한 번도
따 먹은 적이 없는
그리하여
낙과의 비릿한 그리움 속에는
언젠가는 꼭
폭 익은 열매 하나 딸 거라는
의심 없는 믿음이 있었는데요

옛날에도
먼 훗날에도
풍경 밖 하늘 속으로
풋것들의 낟알이 오래오래
여물어 가고 있을 거예요

벚꽃, 폭설

겨우내 퍼부어
그 힘으로 새 벚꽃 피어난다

그러나 어쩌랴
눈꽃도 벚꽃도
가는 길은 하나인 걸

허공으로 사라지는 걸

하기야, 천지 사방이
온통
허공뿐인 걸

하늘 정원

리비아 사막 한가운데
백사막에는
여러 모습의 석상들이
하얀 세상을 만들었는데요

아무래도 거기가
하늘나라만 같았던 것은

하얀 바람은 불어도
앗아 갈 푸른 생명
하나 없고

그 깊고 높은 고요가
밤마다 내 마음속 뿌리를
모두다 삼켜 버렸기 때문일 거야

세월

자동차에 깔려서
죽었다고? 뭐?
집이 무너져 죽었다고?

그까짓 것 번쩍 들고
일어나면 될 텐데
그런데,

이제 와 보니
들어야 할 것도
들고 싶은 것도 없네

그게 다
놓여 버린 시간이었네

꽃 이름 하나 읊어 볼 수 없는
― 1·4후퇴 때 떠난 서울, 정전 협정 되고
  폐허된 내 집도 불안 불안 숨어 돌아왔었지

죽데기 사방 삥 둘러 처 쌓은

군용 트럭 한가운데 몇 사람씩 숨겨

도강하던 날

나 어리다고 태우지 않는 걸

애는 어려도 어른보다 낫다고

걱정 말라고

내가 장담한다고 우리엄마

그렇게 우겨 댔는데

정말 그렇게 믿었던 건지

아무튼 난 그때부터

엄마의 말씀을 제일로 여기게 되었는데

늙으면 애 된다는 말씀처럼

엄마는 그때 다 알았던 거야

그래도 난 어른보다 나은 어린애로

한평생 살고 싶네

꽃 이름 하나 읊어볼 수 없는 이 나이에도

김장론
— 여자의 일생

새파란 배춧잎 갈피갈피
고추 양념 파 마늘 꼭꼭 쟁여 넣고

한 사나흘 대엿새 지나
매콤 새콤 알맞게 잘 익은 그것
한 식솔 혹한을 살아 내는
힘이었을 터이고

그래서 반양식이라 했다던가
아니, 어쩌면
온 양식이었을 터인데

여자의 일생 김장 몇 번이라 하더니!

고춧물 손잔등 얼얼하게
가슴 훅훅 달아오르는
그런 사랑이라면

사서삼경은 몰라도

수신제가 초발심자경문쯤은 안 될는지요

고비의 여인

갖고 싶은 것이라곤 아무것도 없다
그 여인 사는 사막엔
버릴 것이라고는
더더욱 없다

아기 키울 돈이라도 받아 놓지 그랬느냐는 관리의 말에 아기까지 낳게 해 주었는데 고맙지 돈은 무슨 돈이냐고 되물었다는 여인

하늘엔 서걱거리며 피어나는 별들
모래바람 날마다 어디론가 휘몰아 가는 곳

바람에 흠씬 몰매라도 맞고 나면
가슴 한복판에 수정샘물 고일까

자박자박 샘물 흘러
그 여인 갈라 터진 젖무덤 한나절이라도
적셔 줄 수 있을까

한 줌 모래로 스러지기 위해
밤마다 생사의 고비를 넘는
그 여인

개판 세상에서 개처럼

개놈, 그건 그래도
참을 만하다
개만도 못한 놈, 그건
도저히 참아 넘기기 어렵다

툭하면 개 같은 놈 개 같은 세상은 그렇다 치자
날씨가 찌푸린 것도 개 탓
재수가 없어도 개 탓
지가 무시당할 짓을 하고서도
개무시 당했다느니 개지랄 떤다느니
더 황당한 건 개 조심!
한껏 높여 '犬공 조심'이라니

종당에는 제 몸보신용으로 이 한 목숨
기꺼이 바치기도 했건마는
진짜 개 같은 세상이라느니
개만도 못하다느니 그건 정말
정말 참기 힘들어요

나 죽어 꼭 한번
인간으로 태어날라요, 태어나서
개 같은 세상에서 진짜
개처럼 인간들과 한번 붙어 볼라요

비빔밥 사랑

이 수녀님
저 장관님과
밥 비벼
노숙자에 나누었다고
함빡 웃고 계시다

이 수녀님, 저 장관님이
언덕이시네
소도 언덕이 있어야 비빈다는데
나물 장만 밥 장만에 밤잠 설친
아주머니 신문 보고 활짝 웃는다

없는 사람은 그저 비벼야 한다고 가르치신다
손발이 닳도록 비벼야 승진도 하고
시간도 비벼야 세월도 가고
몸도 몸끼리 비벼야 사랑되듯이

버릴 수 없는 내 버릇

아침에 짐 싸서
저녁 비행기 타고 여행 떠나듯

그렇게, 저,

먼 먼 나라
길 잡아 떠날 때도

당일치기 평소 버릇
그대로 지키고 싶다

도토리 키재기

그래, 몇이슈?

하나 더하면
백,
백에서 하나 모질라아

아이구
그래도 정정하시네유

무지개떡
한입 물고 오물오물
씹고 또 씹고 나더니

그래, 지금은 몇이슈?

하나 더하면
배액, 백이라니까아
도토리 아흔아홉과 백이 키재기 하고 있다

죽는 날까지
너 몇 살이야? 라며
조잘조잘 병아리 떼
봄 햇살에 나이를 묻고 있다

글 쓴다는 것

글 쓴다는 말이 싫어
어떤 이는 글 일 한다고 하고
나는 글 질 한다고 했다

그래
질이지
일이지

말도 질이라 하고
글 가르치는 이도
선생질한다는데

작품 해설

허무와 적막의 길, '눈부처'의 행복을 위하여

김 재 홍

(문학평론가 · 경희대 교수)

1. 신생과 새 출발을 위하여

조영숙 시인, 그는 명문 대학에서 국문학을 전공하고 30여 년 대학에서 시를 가르쳐 온 중진 학자이자 늦깎이 시인이다. 시인에게 시를 쓴다는 것은 무슨 의미를 지닐까? 더군다나 평생 시를 공부하고 또 가르쳐 온 교수가 새삼 직접 시를 창작하고 앞으로 그에 전념하려는 까닭은 무엇일까?

한마디로 그것은 지금까지 공부해 온 내용을 실행해 보려는 실천 의지의 작용이면서 동시에 타성에 젖은 자신의 삶에 대한 반역을 통해 제2의 인생을 살아가면서 새롭게 자기 세계를 열어 가고자 하는 창조 의지의 발현이라 할 수 있다. 그만큼 시인은 정년에 즈음하여 새로운 삶에 대한 신선한 의욕과 열정이 샘솟는 그런 모습이라 하겠다. 아울러 그것은 사람의 영위 가운데 가장 순수하고 죄 없는 것으로서 시를 통해 자신의 존재를 증명하고 끊임없이 밀물져 오는 고독과 허무감을 극복하면서 구원을 향해 나아가려는 인간적인 너무나 인간적인 몸부림의 한 반영으로 해석할 수도 있겠다.

그렇다! 조 시인은 이제 인생의 원숙기, 그 한 절정에 이르러 다시 신생과 부활의 꿈을 꾸면서 새로운 삶, 창조적인 삶을 향해 나아가려는 힘찬 새 출발의 의지를 가다듬고 있는 것이다.

이에 시집 발간을 축하하는 뜻으로 그의 시세계를 간략히 살펴보기로 한다.

2. 존재 탐구, 인생론의 시

조영숙의 출발은 삶에 대한 탐구, 즉 인생에 대한 관심으로부터 시작한다.

> 음력 정월 열이틀
> 백 년 전 오늘 세상과 처음 만났지요
> 우리 엄마는

크게 욕심 없어 남의 것 탐한 적 없고
배고픈 설움 알아 밥술이나 건넨 덕인가
하 부지런함 때문인가
하고많은 난리 풍상 다 겪으면서 그래도
시원찮은 전리품이나마 아들딸 얻기도 했지만

그러나 그게 다 무슨 소용이람
텅 빈 손 툭툭 털고 혼자서
돌아가야 하는 길인 걸
얻은 것도 잃은 것도 없이
떠나온 그 자리 찾아서

세상에 미련은 비바람 속에 휩쓸려 가고
뜨거운 태양도 증발돼 버려
남은 건 잊혀진 미래
잃어버린 한세상 꿈뿐인 것을

―「백년 전쟁」 전문

    백년 전쟁이란 무엇이던가. 14~15세기 프랑스와 영국 사이에 일어난 전쟁, 잔 다르크의 순국을 통해 마침내 프랑스가 승리함으로써 봉건 제후의 몰락을 초래하고 중앙집권제로 나아가게 한 바로 그 지루하고 고통스런 100년 전쟁을 말하는 게 아니던가. 민족적 생존과 독립, 자존심과 주체성을 지키기 위한 전쟁이면서 동시에 보다 나은 자유와 평등 세계 확립을 위한 몸부림과 안간힘을 의미한다.

그러나 인용 시가 말하고자 하는 것은 그러한 유럽 역사상의 100년 전쟁이 아니다. 그러한 환유와 표상성을 통해서 인간 실존의 어려움과 고단함을 암유하면서 인생 100년도 결국은 그 100년 전쟁처럼 생존과 자립, 자존심과 주체성을 확립하기 위한 기나긴 싸움의 과정임을 말하고자 하는 데 주안점이 놓인다. 말하자면 100년간 살아오면서 온갖 살기 위한 풍상세월을 겪어 온 어머니의 한 생애를 통해서 인생 100년도 역사상 100년 전쟁처럼 그렇게 고단하고 지루한 싸움과 극복의 과정임을 말하고자 한다는 뜻이다.

그렇지만 정작 이 시가 말하고자 하는 것은 어머니의 고단한 인생 100년 그 자체가 아니다. 오히려 이 시는 그러한 100년 인생이 결국 홀로 가는 길, 손 털고 가는 길로서 고독과 허무의 길이라는 점을 강조하고자 하는 것으로 보인다. "그러나 그게 다 무슨 소용이람/ 텅 빈 손 툭툭 털고 혼자서/ 돌아가야 하는 길인 걸/ 얻은 것도 잃은 것도 없이/ 떠나온 그 자리 찾아서"라는 구절 속에는 그러한 절대고독으로서의 삶, 절대허무로서의 인간 100년의 본질과 속성이 날카롭고 섬세하게 제시돼 있는 것으로 판단되기 때문이다.

더구나 "세상에 미련은 비바람 속에 휩쓸려 가고/ 뜨거운 태양도 증발돼 버려/ 남은 건 잊혀진 미래/ 잃어버린 한세상 꿈뿐인 것을"이라는 결구 속에는 무소유의 길, 단독자의 길뿐만 아니라 삶이 결국은 참나, 본래의 나로 돌아가기 위한 구도의 길, 순례의 길이면서 동시에 자유에의 길이라는 점에 대한 깨달음이 제시돼 있는 것으로 이해된다.

결국 인생 100년이란 나와 세상의 대결이면서 나 자신과의 고통과 인내로서 길고 오랜 싸움의 과정이라는 점을 말해 주고 있다고 하겠다. 그것은 어머니의 생애뿐만 아니라 그 누구의 인생 모두에 다 해당되는 것이기에 이 시가 개성과 보편성, 그리고 항구성으로서 문학의 속성을 선명히 보여 주는 수작이 된다. 말하자면 조 시인의 시가 삶에 대한 반성적 성찰과 사색을 전개하는 인생 탐구의 시, 인생론의 시라는 점을 분명히 보여 준다는 뜻이다.

3. 사막과 눈물, 비관적인 생의 인식

따라서 시집에는 삶이 얼마나 외롭고 쓸쓸한 고독의 길이며 고통과 그 극복으로서 고단한 인내의 길인지를 제시한다고 하겠다.

> 뒷목줄기 한가운데
> 툭 불거져 나온 사막
> 사마귀 한 점
> 나의 사막을 끌고 다녔네
> 여러 날 여러 해 여러 사람 눈이
> 그 사막에 머물렀으리라
> 세속의 터럭까지 매달고 있어
> 내 눈보다 남의 눈에 더 잘 띄었을
> 저 흉!

무거운 짐!
　　　　　—「사막 또는 사마귀에 관하여·1」 전문

　이 시는 몸에 난 사마귀 한 점을 통해 삶이 얼마나 무겁고 고단한 사막길인지를 위트 있고 유머러스하게 표현하여 관심을 환기한다. 사실 누구에게나 이러한 부끄러움으로서 사마귀 한 점 또는 흉터가 존재하기 마련이 아니던가. 그런데 이 "뒷목줄기 한가운데/ 툭 불거져 나온 사막/ 사마귀 한 점/ 나의 사막을 끌고 다녔네"와 같이 그것이 한 생애에 있어 고단한 운명의 표정성을 암시하면서 삶이란 결국 운명의 길이고 그것을 극복하는 과정이라는 점을 드러내 주고 있는 것이다. 특히 "내 눈보다 남의 눈에 더 잘 띄었을/ 저 흉!/ 무거운 짐!"이라는 결구 속에는 육체의 길, 운명의 길, 본능과 원죄의 길로서 인간의 숙명성과 함께 그러한 것들을 극복하는 과정이야말로 삶 그 자체 모습임을 선명히 제시해 준다.

　그렇다! 삶의 길이란 육체의 길, 원죄와 구속의 길이고 운명의 길이면서 동시에 그것을 넘어서는 정신의 길, 해방과 자유의 길인 것이다. 그러한 육체와 정신, 구속과 해방, 운명과 자유라는 두 모순의 갈등 속에서 삶이란 끝없이 흔들리면서 앞으로 나아갈 수밖에 없다. 따라서 사마귀는 사막과 연결되고, 그것은 다시 '흉'이자 '무거운 짐'으로서 한평생 지속되는 '사막의 길'이라는 비관적인 생의 인식을 드러내게 되는 것이다.

　이러한 사막의 길로서 인생은 다시 삶의 제반 모순과 부조

리를 살아가면서 더욱 비관적인 모습으로 확대되고 심화돼 가게 된다.

> 뜬구름 가까이 가 보면
> 안다
> 물방울 하나가 강물로 흐르기 위해
> 얼마나 뜨겁게 발바닥 달구고 있는가를
>
> 한순간도 달음박질 멈추지
> 못한다는 것을
>
> 길가의 풀잎들 가시로 서서 흔들리는 걸 보면
> 그제야 알겠다
> 비바람 속에 왜 뼈대가 생기는가를
>
> 눈부신 햇살 속에 견고한
> 눈물이 담겨 있는가를
> ─「견고한 눈물」 전문

 이 시에는 이러한 비관적 생의 인식으로서 삶에 대한 해석이 제시돼 있어서 관심을 환기한다. 비록 삶이란 뜬구름같이 덧없는 것이라 해도 그것은 "뜬구름 가까이 가 보면/ 안다/ 물방울 하나가 강물로 흐르기 위해/ 얼마나 뜨겁게 발바닥 달구고 있는가를"과 같이 끊임없이 고달픈 시련과 고통의 과정을 통해 전개돼 가는 길이라는 데 대한 속 아픈 통찰이 담겨 있는 까닭이다.

아울러 생이란 살아 있는 동안 "한순간도 달음박질 멈추지/ 못한다는 것을"과 같이 한세상 끊임없이 달려가야만 한다는 것도 깨닫게 된다. 그러기에 "길가의 풀잎들 가시로 서서 흔들리는 걸 보면/ 그제야 알겠다/ 비바람 속에 왜 **뼈대**가 생기는가를"에서처럼 산다는 것은 부단한 흔들림 속에서 '뼈대', 즉 주체성과 자존심을 지키고 키워 나아가는 과정이라는 사실도 확실히 인식하게 된다.

결국 삶이란, 인생이란 "눈부신 햇살 속에 견고한/ 눈물이 담겨 있는가를"에서 보듯이 눈물과 고통의 길이면서 그것을 단련하여 눈부신 햇살로 이끌어 나아가는 고통의 길, 인내와 극복의 길이라는 점을 확실하게 말해 줌으로써 눈물의 가치화, 생의 발견을 성취해 내는 것이다.

4. 일장춘몽 또는 길 위에서 길 찾기

조영숙의 시는 인생론의 시로서, 끊임없는 길 찾기를 통해 순례와 구도의 과정을 모색하는 것이 특징이다. 시 「길에서 길을 묻다」와 「꿈길밖에 길이 없어」가 그 대표적인 예에 해당한다.

> 산 넘고 물 건너
> 저 마을까지
> 비행기 타고 구름도 넘어

먼 먼 나라까지도

두루두루 돌아다녔지마는
오랫동안 길만 길인 줄 알았지요

코앞에 언제나 길 있다는
원효 스님 말씀도 진즉에 들었지마는
앞산 등성이 너머
아파트 지붕 불쑥 올라와서야

길은 어디에도 있고
또 어디에도 없다는 걸
겨우 알아차리게 되었지요
—「길에서 길을 묻다」 전문

  인생이란 또 달리 말해 무엇이라고 할 수 있겠는가? 그것을 한마디로 길을 가는 일이고 길 위에서 길을 묻는 일, 길 찾는 과정이라고 불러 볼 수는 없겠는가.
  말 그대로 인생은 "산 넘고 물 건너/ 저 마을까지/ 비행기 타고 구름도 넘어/ 먼 먼 나라까지도" 길을 찾아 떠나고 돌아오는 과정이라고 할 수 있기 때문이다. 구름이 흘러가고 강물이 흘러가듯이 세상 모든 것들은 길 따라 흘러가고 온다. 인생도 마찬가지, 사람들도 길 따라 흘러가는 것이기에 "두루두루 돌아다녔지마는/ 오랫동안 길만 길인 줄 알았지요"에서처럼 길 위에서 길 따라 흘러가다가 언젠가는 길 밖으로 사라져 가게 되는 것이다.

그런데 문제는 "길은 어디에도 있고/ 또 어디에도 없다는 걸/ 겨우 알아차리게 되었지요"라는 결구에 놓인다. 주어진 길 따라 가는 게 인생길이긴 하지만 참다운 길, 바람직한 삶의 길이란 없는 길도 찾아 새로 만들면서 가야 하는 창조의 길, 당위의 길이어야 한다는 깨달음의 길을 강조하고 있다는 점이다. 그러기에 "길은 어디에도 있고/ 또 어디에도 없다는 걸" 깨닫고 그 길을 찾아 나서려고 하는 것이다. 바로 그것이 시인에게는 시 쓰는 길, 글 쓰는 일로서 창조적인 길, 예술의 길이 펼쳐지게 되는 것이다. 시 쓰는 일이란, 창조적인 삶의 길이란 무엇인가? 그것은 있는 길 가면서 새롭게 느낀 것을 쓰는 일이기도 하지만 스스로의 반역을 통해서 없는 길도 끊임없이 자신의 길을 만들어가야만 하는 반역의 길, 창조의 길이라는 깨달음이 제시돼 있다.

그렇지만 근본적인 면에서 인생이란 꿈길을 가는 것이며, 결국은 일장춘몽, 즉 한바탕 꿈길을 가는 것에 지나지 않는 것이라는 인식을 드러내게 된다.

꿈을 꾸려고
잠을 청하던 날들이 있었지

꿈이 두려워
꿈 못 이루는 밤도 있었지

오색 물방울 아롱아롱 하늘 떠돌던
내 유년의 꿈처럼

악령에 쫓기어 담장을 뛰어넘기도
지붕을 훌쩍훌쩍 날아 도망치다가
하늘 높이 치솟다가 그만
곤두박질
머리꼭지 처박기도 하였지

어젯밤에는
안방에서 건넌방으로
건너온 꿈의 징검다리
그게 나의 일생이란다
아무런 수식도 무늬도 없이

살아온 날들이
산다는 게, 말짱

그래그래 그래도, 오늘도 꿈속에서
꿈을 만나러
꿈길을 가는 꿈일 수밖에
—「꿈길밖에 길이 없어」전문

『구운몽』이라는 소설이 있었던가? 삶은 꿈꾸고 깨는 일, 꿈을 꾸다가 꿈속에서 온갖 부귀영화를 누리다가 깨어 보니 그 모든 것이 한바탕 꿈이며 부질없는 것이라는 꿈의 판타지가 바로 그 내용 아니던가!

그렇다! 인생은 꿈을 꾸면서 꿈속을 살아가다가 꿈 밖으로 내팽개쳐지는 그런 한바탕 꿈속의 일이 아니겠는가. 살다 보면 설레어 잠 못 이루는 그런 밤도 많았지만 '쫓기고/도망치다가/처박히기도' 하는 절망과 고통의 한평생, 꿈속의 인생일 수밖에 없음이 자명하다. 그러기에 "살아온 날들이/ 산다는 게, 말짱// 그래그래 그래도, 오늘도 꿈속에서/ 꿈을 만나러/ 꿈길을 가는 꿈일 수밖에"라는 결구에서 보듯이 삶이란, 인생이란 상승과 하강, 희망과 절망, 기쁨과 슬픔, 긍정과 부정의 꿈길을 오가면서 새로운 꿈길을 찾아서 떠나는 끝없는 순례의 여정, 모색의 역정일 수밖에 없을 것이 분명하다.

어차피 인생이란 일장춘몽, 한바탕 꿈이며 꿈길 가는 것이라 해도 살아 있다는 것, 그것은 꿈 자체로서 소중하고 아름다운 것일 수밖에 없다. 꿈이기에 그것은 언젠가는 깨야 하고, 깨뜨려질 수밖에 없는 것이므로 슬프지만 아름다운, 영원한 미완성의 길일 수밖에 없다는 뜻이다.

5. 허적에의 길, 깨침에의 길

따라서 시집에는 구도의 길로서 허적의 길, 깨달음의 길에 대한 탐구와 성찰이 지속적으로 제시되어 주목을 끈다.

> 눈밭을 가로질러
> 제 팔뚝 제가 자른 혜가 스님
> 흰 눈밭로 지나가고
>
> 선방 문밖에서 기왓장 북북 갈던

그 절 주지 스님도
스쳐 눈발로 스러져 가고

발자국 깊게 남기며
이 저녁 누군가도
그림자 길게 끌고 지나간다

바람은 쌓이고 그늘은 깊어서
발자국 흔적 없어지고
그 흔적 찾던 이마저 스러져 버리고

처음은 어디고
끝은 어디란 말인가

하늘 멀어 보이지 않고
땅 넓어 세상 또한 아득하기만 한데
—「허적虛寂을 꿈꾸다」 전문

 이 시 첫 연에 제시된 혜가 스님은 누구이시던가? 중국 남북조시대 선종禪宗 창시자인 달마대사에게서 의발을 전수받고 깨침을 이루어 낸 중국 선종의 제2대 큰 스님이 아니던가. 이른바 혜가단비慧可斷臂, 달마문전 눈밭에서 자신의 왼쪽 팔을 베어 버림으로 진심과 성심을 내보임으로써 마침내 달마선사를 감동시키고 깨달음을 이루어 낸 그분 말이다. 그리고 마부작침磨斧作針, 즉 깨달음의 길을 기왓장 갈아서 금바늘로 만들려던 옛 스님의 고사를 빌려 시인이 말하고자 하는 것은 또 무엇이던가? 한마디로 말해서 그 모든 구도행과 깨달음의 길이란 그것 자체로 의미 있는 삶의 길, 가치 있는 길이긴 하지만 그것도 결국은 모두 "흰 눈발로 지나가고/ 스쳐 눈발로 스러져 가고/ 누군가도 그림자 길게 끌고 지나간다/ 발자국 흔적 없어지고/ 그 흔적 찾던 이마저 스러져 버리고"와 같이 사라져 가는 것, 허무하고 적막한 소멸의 길일뿐이라는 인식을 보여 준다.

그러기에 인생만사, 세상사 모두가 "처음은 어디고/ 끝은 어디란 말인가"와 같이 시작도 끝도 없는 것, 무시무종無始無終의 길이고 무고무금無古無今, 즉 어제도 없고 오늘도 없는 허무에의 길일뿐이다. 말 그대로 시작도 없고 끝도 없고, 어제도 없고 오늘도 없는 허망한 것이기에 그 어떤 것에도 탐욕과 성냄, 어리석음으로서 삼독과 삼착을 버리고 무애행無碍行으로서 깨달음의 길, 자유에의 길을 가면 그것으로 인생은 충분히 의미 있고 가치 있는 것이라는 깨달음을 담고 있는 것이다.

그 누가 있어 영혼의 근원은 맑고 적적한 것이기에 옛날도 없고 지금도 없는 것, '영원담적 무고무금靈源湛寂 無古無今'이라 했던가. 깨달음의 길, 자유의 길이란 바로 이처럼 허허로이 텅 빈 것, 그윽한 고독과 맑은 적막에의 길이라는, 시인이 탐구한 생의 본질과 깨달음으로서의 시의 길을 제시하고 있다는 점에서 이 시는 주목을 환기한다.

바로 여기에서 "하늘 멀어 보이지 않고/ 땅 넓어 세상 또한 아득하기만 한" 허무와 적막으로서 깨달음의 길, 자유에의 길이 맑고 아스라하게 펼쳐져 가게 되기 때문이다. 인생도 결국 그렇게 덧없고 적막하게 스쳐 가고 사라져 가는 것이기에 살아 있는 동안 올바른 깨달음의 길, 자유에의 길을 가야만 한다는 뜻이 되겠다. 또한 이 점에서 '알몸 경전'으로서 무소유의 길, 진심의 길, 초월의 길이 펼쳐지게 된다.

> 아무리 보아도
> 몸에 걸친 것이라곤
> 안경알 하나뿐인데
>
> 눈 바로 못 뜨고 흘금흘금
> 훔쳐보는 중생衆生들 앞에서
> 세상 나올 때 그대로인 벌거숭이 알몸을
> 두루마리 한 자락 경전으로 펼치고 서서
>
> 부끄러움은 숨기는 데
> 따로 있다며
> 지경持經 하얗게
> 넘어서고 있네
>
> ―「알몸 경전經典」전문

그렇다! 진정한 깨달음의 길이란 바로 진실과 본래면목을 찾는 길을 말한다. 알몸이 그 자체로 하나의 경전이 되는 그런 경지를 말한다. 본래면목을 찾는 일, "벌거숭이 알몸을/ 두루마리 한 자락 경전으로 펼치고 서서// 지경持經 하얗게/ 넘어서고 있"는 그 지점이야말로 진정한 보살도의 깨침을 완

성하는 초월의 순간이 아닐 수 없다는 뜻이 되겠다.

6. 눈부처, 사랑과 행복의 길을 찾아서

이렇게 본다면 조영숙의 시는 신진의 것이지만 그 시세계는 이미 하나의 개성적, 독자적인 자기 세계를 이루어 내고 있음을 확인할 수 있다. 그 인생 탐구의 성실성과 진지함, 그 통찰의 넓이와 깊이로 인해서 그의 시는 이미 충분히 발효되고 숙성돼 있는 것으로 판단되기 때문이다.

>   엄마 눈에 내가 비어네
>   내 눈에도 엄마가 비어나
>   그래, 아가야
>
>   네 눈 속엔 엄마가 살고
>   엄마 눈 속엔 네가 살고
>
>   그렇단다, 아가야
>
>   마주 보는 눈빛 품 안에 보듬어
>   보이지 않아도 보이는 거
>
>   눈부처
>
>   그게 사랑이란다

그래서 진부한 행복이란다
　　　　　　　　　　　　　　　―「눈부처」 전문

　인생을 산다는 것은 끊임없이 본래면목으로서 생의 원상, 인생의 본질을 사색하고 통찰해 가는 것이기에 시를 쓴다는 것도 결국은 생의 근원과 본질을 탐구하면서 참나의 길, 진정한 깨달음과 자유에의 길을 걸어가면서 스스로의 길을 완성해 나아가는 일에 다름 아니라는 뜻이다. 그것은 고독과 허무, 무소유의 길이지만 지상에 살아 있는 최후의 그날까지 삶은 사랑의 꿈을 간직하는 일이고 간직해야 하는 것이기에 슬프지만 아름다운 것이 아닐 수 없기 때문이다.

　인용 시 「눈부처」에는 그러한 살아 있음으로서 생과 행복의 의미, 사랑의 보람과 인생의 가치에 대한 성찰과 인식이 제시돼 있어 주목을 환기한다. 세상에서 가장 아름다운 것, 최후의 그날까지 변하지 않는 가치는 무엇이겠는가. 바로 엄마와 아기의 눈동자 속에 담겨 있는 서로의 눈부처 모습, 불변의 생명과 사랑 바로 그것이 아니겠는가! "네 눈 속엔 엄마가 살고/ 엄마 눈 속엔 네가 살고// 그렇단다, 아가야// 마주 보는 눈빛 품 안에 보듬어/ 보이지 않아도 보이는 거// 눈부처// 그게 사랑이란다/ 그래서 진부한 행복이란다"라는 결구 속에는 작은 것의 큰 행복, 모자 사이의 영원한 사랑의 금결에 대한 의미 부여로서 인생의 의미화와 함께 사랑의 가치화가 담겨 있다는 점에서 이 시집이 말하고자 하는 바가 결집돼 있는 것으로 해석되기 때문이다.

비록 인생길이 허무하고 적막한 사막의 길이라 해도 엄마와 아가의 사랑이 있고 그 순금의 꿈과 희망의 숨결이 살아 있기에 인생도, 시도 슬프지만 아름다울 수 있는 까닭이다.

조 시인의 정진과 참 시인의 길에 격려의 박수를 보낸다.

시인 조영숙 趙英淑

서울 출생
이화여대 국어국문과 졸업
문학박사(경희대)
2009년 『시와시학』으로 등단
저서 『조병화 시 연구』가 있음
현재 가천의과학대 교양학부 교수

백년 전쟁

지은이 | 조영숙
펴낸이 | 김재돈
펴낸곳 | 시와시학 도서출판
1판1쇄 | 2011년 6월 10일
출판등록 | 2010년 8월 10일
등록번호 | 제2010-000036호
주소 | 서울 종로구 명륜동1가 42
전화 | 744-0110
FAX | 3672-2674

값 8,000원

ISBN 978-89-94889-09-2 03810

* 저자와의 협의에 의해 인지를 생략합니다.

* 잘못된 책은 바꾸어 드립니다.